Phrases de méditation

Où les mots sont un outil d'éveil

Phrases de méditation

Où les mots sont un outil d'éveil
La contemplation des mots de l'éveil

Hervé Cornerotte

Édition : BoD – Books on Demand,
info@bod.fr
Impression : BoD – Books on Demand, In de
Tarpen 42, Norderstedt (Allemagne)
Impression à la demande

ISBN : 978-2-3224-4407-6
Dépôt légal : Août 2022

Introduction

Amour, bonheur, joie de vivre sont des états de l'être auxquels on aspire tous. Chaque jour dans nos activités de la vie quotidienne nous tendons à ces états. Malheureusement, la manière dont nous avons agencé notre vie fait que nous ne prenons pas toujours le temps de travailler à atteindre ce bonheur. La société moderne telle qu'elle est maintenant ne nous laisse pas beaucoup d'espace pour ce genre de préoccupations. Et simplement, nous ne savons pas toujours dans quelle direction nous devrions chercher.

Ce livre est un recueil de pensées sur la méditation et se veut un compagnon pour celui qui aimerait s'éveiller à la vie. J'y parle d'une pratique qui s'intègre à notre vie quotidienne avec amour, joie et bonheur.

« L'espace d'une vie est le même,
qu'on le passe en chantant ou en pleurant. »
Proverbe japonais

Phrases de méditation

La plupart du temps ces phrases (parfois poétiques) me sont venues en guidant des personnes au travers de la méditation ou lors de ma pratique personnelle prenant la forme d'une pensée très claire, lumineuse. Elles m'ont aidé au fur et à mesure de mon parcours. Mon vœu est qu'elles deviennent utiles pour d'autres.

J'espère que certaines phrases seront un guide pour méditer et que d'autres feront naître des sensations, une inspiration.

Elles vous permettront peut-être d'avoir une direction de pratique courte et précise, d'avoir un résumé simple à appliquer. Vous pourriez ouvrir une page de ce livre au hasard et avoir un guide pour la journée, la semaine ou le mois…

Si une sensation apparaît lors de la lecture d'une phrase, essayez ensuite de l'approfondir lors de votre méditation assise.

Une fois assis, faites alors apparaître la phrase et ce qu'elle veut dire pour vous. Que veulent dire chaque mot de la phrase ? Comment s'applique-t-elle dans votre environnement immédiat ? Quel est son sens ?

La sensation devrait apparaitre petit à petit à nouveau. Il vous restera à vous immerger dans la sensation jusqu'à ce qu'elle vous imprègne complètement.

Une fois imprégné dans votre méditation assise vous pourrez observer que la sensation va vous suivre dans votre vie quotidienne. On parle alors d'intégration. Cherchez à intégrer la sensation dans chacune de vos activités. Tout l'univers en sera alors recouvert.

Il va de soi que vous pourriez aussi pratiquer la phrase dans vos activités quotidiennes directement. Mais pratiquer la phrase lors d'un moment assis et en silence me semble très important pour approfondir.

Ce processus est loin d'être uniquement intellectuel. Il passe au départ en effet par la pensée mais il donne des impressions concrètes dans la sensation. Faites confiance dans votre

corps car c'est en lui que vous aurez des sensations liées aux phrases.

Pour parler de cette approche de l'éveil, laissez-moi vous citer quelques extraits du livre « Anthologie du Shivaïsme du Cachemire » de David Dubois. Il y a traduit plusieurs textes issus du Shivaïsme.

« La connaissance comme méthode n'est pas ignorance, disons-nous, mais connaissance subtile. » *(Traduction du Abhivana Goupta, La lumière des tantra, I, 144)*

Le commentaire du traducteur sur cette phrase est très intéressant. Je me permets de vous le partager aussi :
« On pourrait croire, en effet, que la connaissance intellectuelle n'est qu'une forme d'ignorance, car elle est faite de construction mentale (les vikalpas). Mais cette réflexion est en réalité inspirée par l'intuition vraie, nommée ici « la vraie science » ou « la science pure ». Ce sont des concepts, mais des concepts qui vont dans le sens de la vérité, qui éliminent les fausses croyances et qui nous permettent de nous plonger pleinement dans l'expérience telle qu'elle se donne. »

Voici une seconde citation du même livre :

« La voie de la connaissance progresse au moyen de concepts, c'est-à-dire à travers des conjectures, jusqu'à des conclusions. Bien que tout cela relève de l'illusion (de la dualité), cette progression s'achève dans une certitude non-conceptuelle. » *(Traduction du Abhivana Goupta, La lumière des tantra, I, 215)*

Qui sait donc si les phrases de ce livre ne contiennent pas l'éveil ! Car dit-on, il peut frapper à votre porte à chaque instant.

Il est possible aussi que certaines de ces phrases soient des énigmes pour vous. Y réfléchir ou en discuter avec d'autres pratiquants peut être intéressant et vous amener à de belles découvertes.

C'est d'ailleurs ce que j'ai pu observer dans le groupe de méditation que j'ai fondé. L'échange et les discussions profondes ont transformé l'expérience de méditation ainsi que la manière d'aborder la vie de certain.

Mon vœu le plus cher est que vous trouviez cette vérité profonde, « cette vraie science » en lisant chacune des phrases de ce livre.

Ces phrases sont un outil vers l'éveil. Et comme tout outil, une fois inutile, il est mis de côté.

« Entraîne-toi à l'aide de slogans
en toute activité. »

*Slogan de l'entraînement
de l'esprit d'éveil d'Atisha*

Note

En préparant ce livre, la tentation a été de classer les phrases en différentes catégories. Mais elles ont été finalement placées dans l'ordre dans lequel elles ont été écrites.

Ce n'est donc pas spécialement un livre qui se lit en continu. Ouvrez-le au hasard et voyez ce qu'il se passe.

Remerciements

À mes maîtres de forme et de sans forme,
À la mort et au changement,
À ceux qui croisent ma route,
Aux circonstances qui créent la forme,
Et aux formes qui sont sans forme,
Aux obstacles et aux maladies qui sont parfaits,
À chaque mot qui m'a inspiré,
À chaque phrase vide qui a appelé le vide,
À chaque enseignement clair qui a amené la
clarté,
Je n'ai rien d'autre à vous offrir, alors,
En vous remerciant tous, je vous donne tout ce
que je suis.

02/02/19

Un merci particulier à Grégory pour la relecture ainsi qu'à Sarah pour son soutien. Merci aussi à Stéphanie et Virginie pour leur aide précieuse qui m'a permis de me dégager du temps.

Il faut être présent, pas passé, ni futur.

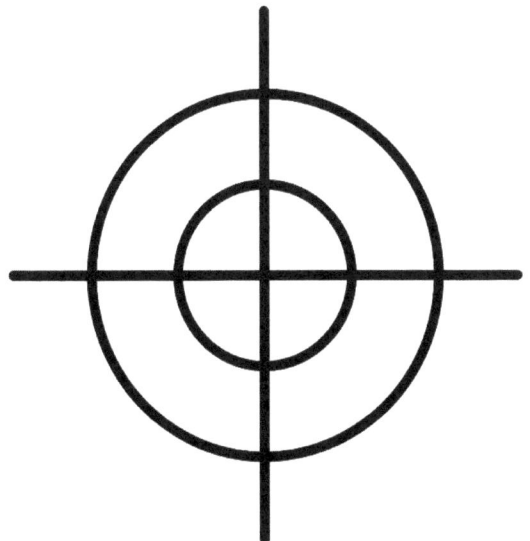

Il y a Ce qui observe la fatigue, les pensées, le corps, les douleurs, les émotions.

Ce qui est conscience

Ce

Dire bonjour avec la présence, c'est souhaiter un bon jour.

Offrir sa présence aux autres c'est offrir la lumière que l'on a découvert en soi. Comme dans une pièce où il fait noir, il suffit d'un peu de lumière pour y voir un peu plus clair. C'est grâce à la lumière de la présence que tout devient visible. Cette lumière peut être partagée par contamination. Vous avez sûrement fait cette expérience d'être à côté de quelqu'un qui est énervé et de le devenir aussi. C'est la même chose avec la joie, avec la présence, avec l'ouverture. Soyez présent à quelqu'un et il le deviendra aussi. Offrez vos bonjours, pensez vos « comment vas-tu ? ». Si vous faites cette démarche, soyez préparé aux longues réponses, à des personnes qui ne répondront pas ou qui ne vous diront pas la vérité. Mais soyez simplement présent à cela.

Au cœur de tous les instants,
La conscience est toujours présente.
Elle est Je,
Elle est Toi,
Elle est conscience de la conscience,
Elle est.
Espace infini

La lune
Le silence
La respiration
Méditation

Être assis, ici dans cette pièce et voir
le flot du temps s'écouler.

Être en son esprit, sans y toucher
Être en Son esprit, sans y toucher

Il n'y a pas d'effort à faire pour ÊTRE
Puisque l'on est

Parfois, il n'y a pas besoin de plus d'explication…
Vous ne seriez pas, si vous étiez mort.

Être, c'est ici et maintenant.
Ici et maintenant, c'est être.

Asseyez-vous dans le calme, détendez le corps, le mental.
Faites partir les tensions et les préoccupations, soufflez.
Plusieurs techniques peuvent être utiles pour vous mettre dans un état propice à la méditation (respiration, yoga, prière, etc.)

Asseyez-vous bien droit. Soyez dans l'instant ouvert à tout ce qui pourrait se passer. Si des émotions ou pensées vous traversent, voyez-les comme tout ce qui vous entoure.
Elles iront et repartiront comme le reste.
C'est la manière la plus pure de faire de la méditation. C'est-à-dire, être assis simplement sans n'avoir rien d'autre à faire, Être ouvert, sans limite, simple.

Être

Sans effort

Être c'est Tout
Être, c'est tout !

C'est ici et maintenant
C'est maintenant ou jamais

C'est ici et maintenant
C'est maintenant ou jamais

C'est maintenant toujours

Il faut laisser les choses comme elles sont,
Comme elles arrivent la première fois
où on les voit.
S'emplir d'elles et les sentir.
Mais surtout ne pas y toucher.

Juste être l'esprit qui est, c'est tout.

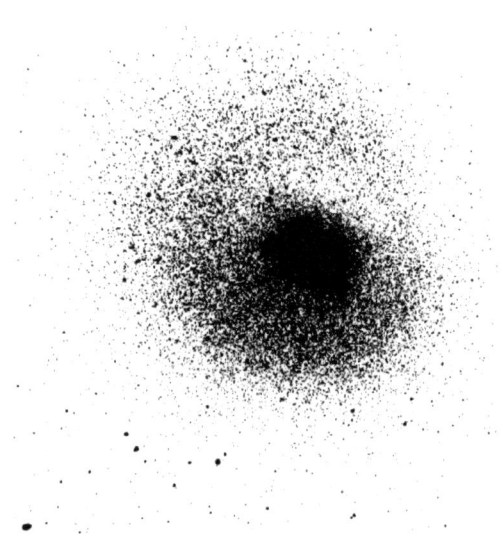

Un coup de vent

Le cri d'un oiseau

Un homme sous un arbre

La pluie arrive, la pluie passe.
Reste là.
Un jour, une nuit,
Tu es là
Un mot, un silence.
Qui l'entend ?

La méditation vous invite à plonger au fond de vous et à chercher qui vit toutes ces expériences de la vie. Une fois cette réponse obtenue, vous devenez libre.

C'est la voie la plus simple il suffit de s'asseoir

Celui qui lit ces mots de l'instant
Trouvera l'éveil
Celui qui lit ces mots du passé
ne trouvera rien du tout.

Disponibilité corporelle de l'instant

Innombrables bruits où j'y mets une pensée
Nullement je ne m'y fixe
Tant de sons que j'entends, et qui passent.

Quand dans la méditation on ne médite plus
Quand on ne pense plus à ne pas penser
Quand plus aucun changement ne nous émeut
Alors, la claire stabilité peut s'installer

Chaque instant doit être éveil
À chaque instant on doit mourir
Chaque seconde meurt
Maintenant, on doit pouvoir mourir
Il n'y a rien à atteindre.

Être, c'est avoir un esprit libre et spontané.

L'espace englobe tout,
le corps,
le mental,
l'énergie,
le son,
les pensées
et surtout la conscience.

Le regard constamment vers l'intérieur.
La présence s'éveille
Les pensées se libèrent
La sagesse nous imprègne

Ne lis pas ces mots, mets-les en pratique !
Chaque mot est une sensation
Chaque sensation est une piste
Une piste vers celui qui lit

Acceptation.
Si tout est accepté,
aucune tension n'apparaitra.
Illimité.
Si tout est vu tel qu'il est,
aucune limitation n'apparaitra.

Alors sans tension ni limitation,
le cœur est finalement trouvé.

La bonté, c'est partager sa joie avec les autres.

L'égo nous enchaîne

Mais quand on s'en libère,

Nous devenons tous égaux.

La méditation
C'est aller au-delà des préjugés et des
préconceptions,
C'est voir la réalité comme elle est vraiment,
C'est plonger au cœur de soi, au cœur du monde,
au cœur de l'instant présent car il est sans
artifice.

La méditation
C'est respirer, marcher, manger, vivre
C'est être assis, debout, heureux, malade, nerveux,
calme,
C'est tout simplement être.

Ne rien faire est bien la voie ?

Oui

Comment puis-je ne rien faire ?

Ne te pose pas la question.

Donner c'est recevoir.

Mais je ne reçois rien
Quelle chance j'ai de n'avoir rien reçu.

Je remercie celui à qui j'ai donné
mais qui n'est plus là.

Quelle chance j'ai qu'il ne soit plus là.

Alors je donne cette chance de n'avoir rien et
personne à remercier à quelqu'un.

Et il me remercie mais je ne suis plus là.

Présence et ne rien changer,
Conscience et ne rien ajouter.
Le maître est présent et n'ajoute rien,
De sa présence rayonne l'illimité.
Un sourire nous enseigne la vacuité.
Un regard nous enseigne la clarté.
Ce n'est pas une simple photo sur l'autel,
C'est sa présence,
C'est votre présence,
C'est la présence.

Une fois la pleine conscience réalisée,
Laissez l'esprit reposer où il est.
Il deviendra alors clair et sans limite.
Dans la continuation de cet état,
L'esprit est libéré.

Ce qui m'a frappé avec ce point, ce qui m'a à ce point frappé, c'est l'inattendu.

L'inattendu a frappé, et je ne savais pas avant cela que j'étais là pour lui ouvrir.

Gregory, un lecteur inattendu

La conscience est toujours présente,
Parfois obscurcie, parfois claire,
Elle est indépendante des phénomènes
Si vous ne la trouvez plus, elle est pourtant là.
Vous la trouverez dans le présent

Être conscient,
Et non pas inconscient,
Être éveillé,
Et non pas dans un rêve.

Note :

Les rêves sont beaux
La conscience l'est encore plus

Le but est d'être éveillé
Et non pas endormi.

La conscience est toujours présente,
Il suffit d'en prendre conscience.
Elle n'est pas située à un endroit précis,
Elle emplit tout.

Sur l'interdépendance…

Imaginez le nombre d'évènements
Qui ont concouru au fait que vous lisiez ce livre.
C'est extraordinaire, presque magique.

Finalement on reste attentif
Au fait d'être en vie,
Et non pas mort.
Conscient,
Et non pas inconscient.
Eveillé,
Et non pas endormi.

La conscience est devenue mon maître.
Elle libère des phénomènes et des expériences.
Quoi qu'il se passe le maître est toujours là.
Il prend toutes les formes.

Dire : « sois libre »
N'est-ce pas une injonction ?
N'est-ce pas une contradiction ?
Et dès lors une vision dualiste ?
Une construction du mental ?

La conscience est ici et maintenant.
La conscience d'instant en instant,
Est continue.

Cette sérénité où tu t'assieds

Ici et maintenant,
Où ici est partout,
Et maintenant le mouvement.
L'ici est l'esprit qui est tout,
Le maintenant est la présence.
L'ici est l'espace,
Le maintenant est la clarté.
L'esprit naturel est espace et clarté.
Il n'y a donc rien à faire,
Que de rester naturel.

S'asseoir droit.
Dans les conditions telles qu'elles sont.
Ne rien ajouter ou enlever.
Oublier ces paroles.

À propos des émotions…

Si tu vois chaque petit caillou sur ton chemin,
Il est certain que tu verras la montagne arriver.

Pour celui qui sait rester assis simplement,
Quel que soit le nombre d'obstacles qui
apparaissent,
Cela n'aura aucune espèce d'importance.
Peut-on alors encore les appeler obstacles ?

Le mental a besoin de complexité,
Donc plus la méditation est simple,
Plus le mental s'efface.

Puisse ce lecteur
Se libérer maintenant !

Puisse-t-il arriver à la maturité de l'esprit.
Puisse-t-il accepter totalement cet instant,
Sans prise pour le mental.

Puisse-t-il vivre sans contrainte,
Et sans prise pour le mental.

Puisse-t-il trouver le bonheur simple qui ne
dépend de rien.

Accepter toutes les situations de la vie telles
qu'elles se présentent à nous,
Faire la paix avec le monde et avec soi-même,
C'est cela le lâcher-prise.

Les perceptions créent les pensées.

Les pensées créent les émotions.

Les émotions créent des ré-actions.

Les réactions créent une action dans une seule direction.

L'acceptation de l'instant fait naître le vide.

Le vide fait naître la clarté.

La clarté fait naître l'action pure.

L'action pure offre des possibilités illimités.

Les saisons n'existent pas,
Les heures n'existent pas.
Seules les minutes et les secondes existent, pour
celui qui pense.

L'hiver personne n'a réellement froid.
L'été, qui a vraiment chaud ?
Et quand arrive l'automne,
Est-ce moi ou les feuilles qui tombent ?
Au printemps qu'est ce qui renaît réellement ?

Une page blanche
Où tout est possible !

Quel que soit l'endroit où l'on regarde,
Il y a vie et mort en chaque instant.
Sans l'un, l'autre n'existerait pas.
Naissance et mort
Sont les seules choses qui nous font vivre.
Sans elles, il n'y aurait pas de mouvement.
Naissance et mort
Sont deux formes d'une même énergie.

Ne cherche pas ailleurs
ce que tu as sous la main.

Le courage ne vient pas d'ailleurs,
Il vient de l'esprit.

Pourquoi ces phrases existent-elles ?
Car vous êtes là pour les lire.
Soyez pure conscience,
Et vous oublierez ces phrases.

J'appelle « méditation »,

La vie !

La méditation est un dépouillement sublime,
Où même s'asseoir dans une pièce vide,
Devient un acte vivant.
La méditation est un dépouillement subtil
Où même la pensée « méditation »
Devient une coquille sans vie.
La méditation est un ravissement sublime
Où même entrer dans une pièce vide
Devient union totalement libre.
La méditation est un ravissement subtil,
Où l'union de tout et de rien
Est la liberté sans limite.
Chaque moment, ce mot « méditation » disparaît
Seul reste son état, celui dont on ne peut parler.

La pleine conscience n'est ni intérieure, ni extérieure.

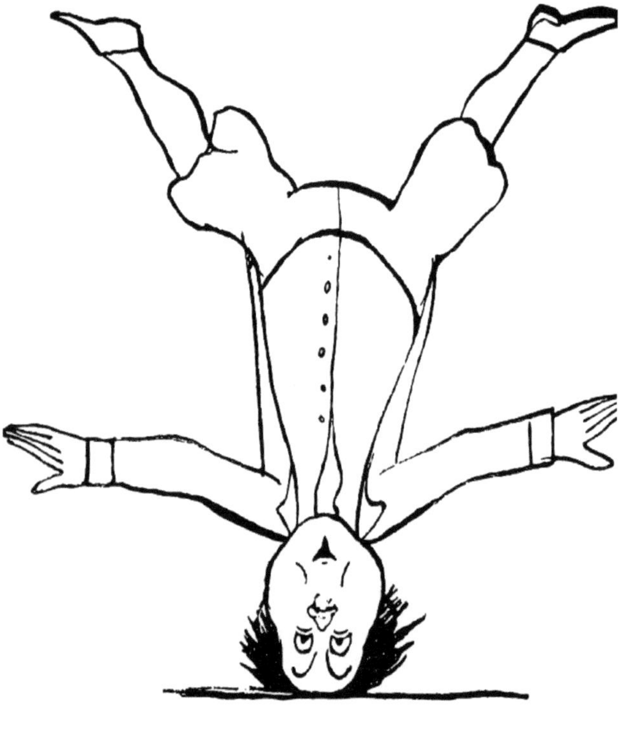

Quelle est cette réalité,
Où l'on peut voir un verre,
À moitié vide ou à moitié plein ?

Quelle est cette vérité,
Où un assoiffé peut voir un acte,
Si banal, que de boire,
Comme une libération ?

Quel est ce point de vue d'où l'on regarde cette
réalité qui se divise.

De combien d'univers créés par notre pensée,
S'habille la réalité ?

Abandonne tout ici et maintenant,

Aventure-toi au-delà de ces concepts figés,
Au-delà du verre rempli d'eau,
Et au-delà de celui qui est vide de son eau.

Vous avez pratiqué des années,
Le jour assis, la nuit allongé
.

Vous avez lu quantité de livres,
Amassé les connaissances,
Rencontré des maîtres,
Appris des techniques,
Détendu le corps et le mental,
Et fait de votre mieux.

Pourtant, tout se joue en cet instant !

Un espace
Où tout s'efface

Il n'y a rien d'extraordinaire,
Dans une méditation réussie.
Pas de cloches qui sonnent,
Pas de feux d'artifice.
En fait, c'est ordinaire,
Car tout est simple,
Et ça a toujours été là.
C'est simple, ordinaire, quotidien.
C'est un état que l'on connaît,
Sans vraiment le connaître,
Et qui a toujours été présent.
C'est cela qui est extraordinaire.

L'état de la vie de tous les jours,
Est l'état de méditation.
L'état de méditation
Est l'état de la vie de tous les jours.
Sans rien changer,
Tout change et se transforme.
Et la vie, enfin, sans moi,
S'écoule paisiblement.

Quand on connait la méthode correcte,
Qu'elle est claire et précise,
Qu'il n'y a plus de doute,
Alors tout devient très facile.
Et la réalisation finira par arriver,
Aussi facilement.

On nous dit :
« Concentre-toi sur ton esprit,
Jour et nuit,
Ceci est la pratique. »
Pourtant l'esprit n'est pas ici.
Où est-il, s'il n'est pas ici ?
Il est partout et sans limite.
Où que l'on regarde,
il est partout et sans limite.
La pratique ne se détache plus de nous,
Elle est donc sans limite,
Et se pratique partout.

Quand on commence la méditation,
Nous créons différents états
Que l'on prend pour l'état de méditation.
Mais une fois que l'on a compris,
Il reste uniquement l'état dans lequel on est.

L'acceptation totale par rapport aux choses,
Est synonyme
De liberté totale par rapport aux choses.

Il faut faire confiance,
En l'état naturel des choses.
Une eau qui se ballotte dans un verre,
Finit toujours par se calmer.
Et si le verre est cassé,
L'eau ne reste pas dans le verre.
Elle s'écoule.
Quel que soit l'état de l'eau,
Et quelle que soit sa fonction,
L'eau s'adapte naturellement.
Il en va de même
Pour l'état naturel de l'esprit.
Regardez l'espace autour des maisons,
La manière dont il se place.
Regardez comme le non-forme s'adapte aux formes.
Regardez l'espace dans les pièces de ces maisons,
La manière dont il se place.

Regardez comme le non-forme se laisse emprisonner
par la forme.
Ensuite regardez l'espace dans les murs,
Le plafond, le sol et même votre corps.
Regardez comme la forme est composée de non-
forme.
L'espace est autour des maisons,
Dans les maisons,
Dans les murs, les sols, le plafond et le corps.
Il en va de même pour la nature de l'esprit.

Quelle douceur
Que cet esprit libre,
La caresse du monde
Qui s'y intègre.
Et en un instant,
Nous sommes le son.
Et en un instant,
Nous sommes le temps.
Bourgeons et fleurs
Se superposent.
Vie et mort,
Qui s'entrelacent.
Quelle douceur,
Que de mourir en cet instant.

Que je sois confiné ou pas
Que les rues se soit vidées ou pas
Merveille, les cerisiers sont en fleurs

Que je sois triste ou joyeux
Que je sois volubile ou silencieux
Merveille, les cerisiers sont en fleurs

Que je l'ignore ou que je les regarde
Que je sois tendu ou bien relax
Merveille, les cerisiers sont en fleurs

Pour un temps seulement
Un moment de recueillement
Merveille, les cerisiers sont en fleurs

En moi les cerisiers sont en fleurs, merveille
Mais le seront-ils pour longtemps ?
Surement pas !

Ecrit pendant le confinement

Explosion de silence

Comment décrire l'arbre épanoui sous le ciel,
Si ce n'est par le silence ?
Comment décrire le son de l'eau qui s'écoule
paisiblement,
Si ce n'est par le silence ?
Comment décrire la forêt pleine de vie,
Si ce n'est grâce au silence ?
Écoute, mange, bois ce silence
Silence, silence, silence.

Entends-tu ?
Cette feuille de silence en automne
Qui se pose sur ce sol de silence.

Une dernière subtilité !

Tout est parfait
Vient du mental.
Ne rien changer
Vient du mental.
Ne rien ajouter
Vient du mental.
Allez au-delà du mental !

Puisque tout est parfait, je m'assois tous les
jours avec vous
Puisque tout est parfait, je vous dis « à Dieu »
Puisque tout est parfait, en Lui j'ai confiance
Puisque tout est parfait, peut-être nous
reverrons-nous un jour
Puisque tout est parfait, je vis dans
l'imperfection
Puisque tout est parfait, je danse avec les
tensions
Puisque tout est parfait, je n'ai plus de futur
Tout est parfait, respiration infinie
Tout est parfait, liberté créatrice
Tout est parfait alors, je peux dire « à Dieu »
Sans avoir peur,
Alors « à Dieu » ![1]
Pour que l'on puisse laisser se faire les choses,
Il faut d'abord pouvoir les voir !

---

[1] Écrit pendant le premier confinement à ceux qui venaient
régulièrement au cercle de méditation. Nous n'avions pas
pu alors continuer les séances.

L'éveil ne dépend ni d'une position, ni d'une technique.

Alors pourquoi pratiquer

Alors pourquoi se mettre dans une position spéciale ?

Là est la question !

C'est un réel Koan.[2]

---

[2] Koan : Question ou énigme absurde posée par un maître zen à un disciple, destinée à le faire progresser sur la voie de l'éveil en l'obligeant à délaisser le raisonnement et toute considération intellectuelle. Exemple de koan : «L'homme regarde la fleur, la fleur sourit.»

Essayer ou essayer trop fort
N'est pas laisser tel que C'est ![3]

---

[3] S'asseoir tranquillement et laisser tout, tel que c'est est une méditation très profonde.

La respiration se déroule d'elle-même,
Sans rien ajouter ou enlever.
Laissez-la s'écouler librement,
Qu'elle vienne ou qu'elle parte,
Rapide ou lente,
Mouvement de vie
Mouvement de mort
D'instant en instant

Laisser le corps tel qu'il est
Laisser l'esprit tel qu'il est
Ils ne sont ni intérieur, ni extérieur.

Tout est l'éveil,
C'est savoir que tout est l'éveil.
Savoir, c'est en faire l'expérience
En avoir conscience continuellement
Et c'est tout.

On n'obtient pas l'éveil, on le réalise
Réaliser comme : « il y avait un bouddha devant
moi et je ne l'avais pas réalisé ».

Quand je marche, je marche.
Rien d'autre, c'est simple car c'est l'éveil
Pas besoin de se concentrer de toutes ses forces
sur l'activité.
Elle se fait d'elle-même.

Ah ! Qu'il est facile
Ah ! Que c'est paisible
Quand il n'y a rien à réaliser
Quand il n'y a rien à chercher

Atteindre ou réaliser
Il faut bien choisir ses mots
L'éveil n'est pas distant
L'éveil est là.

Tout est l'éveil
Tout c'est tout
Ici et maintenant

Il n'y a pas d'effort à faire pour être
Puisque l'on est.

Asseyez-vous.

Êtes-vous assis ?

Vous n'avez pas dû faire d'effort pour le savoir,

n'est-ce pas ?

Vous êtes pris par des pensées ?

Êtes-vous assis ?

Voilà comment l'effort disparaît.

Méditation sur le corps

Il n'y a pas à chercher le corps
Il est toujours là
Il n'y a pas de mouvement vers le corps à faire
Il est toujours présent
Dans l'instant.

Nous sommes sur un chemin sans destination !

Y-a-t-il alors un chemin ?

La méditation c'est pouvoir vivre dans la
contradiction
Sans qu'il n'y ait de contradiction intérieure,
Vivre dans la dualité au sein de l'unité

D'instant en instant
De souffle en souffle
Ici et maintenant
Qu'importe le lieu
C'est d'être qui compte

La méditation amène à faire l'expérience de
Dieu

Le silence est sa voix
L'espace est son corps
L'amour est son cœur
Le silence nous guide

L'espace permet de le voir en toute chose
L'amour met en mouvement, répand la vie

L'amour ne vous prend pas en compte[4]
Il prend en compte les autres
Car les autres c'est vous.

---

[4] L'égo

Si l'on reste dans l'état naturel de l'esprit
Il n'y a pas d'effort à faire, c'est naturel.
Vous regardez les vagues
Et vous êtes emporté par une, puis deux…
Alors qu'il suffirait de regarder l'océan.

Ne résistez pas,
Laissez-vous pénétrer par le monde.

Ouvrez toutes les portes

Il n'y a pas de pratique pour être
Vous êtes et c'est tout.
Il n'y a donc pas d'effort à faire
Sinon vous seriez mort
C'est une pratique qui va à l'essentiel.

Ici et maintenant, tout est parfait
Ici et maintenant, il n'y a plus de problème
Les tensions du passé sont oubliées
Les envies du futur n'existent pas
Dans l'instant nait la constance
La pensée se dissout dans le présent
Ici est là où vous êtes.
Maintenant est chaque seconde que vous vivez
Ici est la présence
Maintenant est la continuité
Ici est l'espace infini[5]
Maintenant est le temps illimité[6]

---

[5] Car il n'y a plus de concepts limitants
[6] Car il n'y a pas d'arrêt, de début ou de fin

Méditer c'est devenir libre !

Il n'y a pas de combat
Tout devrait être accepté
D'instant en instant
Il ne devrait pas y avoir de lutte
Tout devrait être libre
C'est cela, la présence
C'est être dans l'instant
Ouvert à tout
Ouvert au tout.

L'immensité des vagues que produit le mental
Vous empêche de voir l'immensité de l'océan
Vous êtes pris par l'ombre que créent ces vagues
Alors qu'une fois passées il fait tellement clair
Ce n'est pas parce que vous voyez seulement les
vagues
Que cela veut dire que derrière il n'y a pas
l'océan.

Pour être présent
Il n'y a rien à ajouter

Il faut faire avec ce qu'il y a
Voir la réalité sans rien y ajouter
L'ajout est la tension

Le laisser faire amène le calme et la détente

Ne rien chercher de plus
Ne pas attendre de nouvelles expérience
Ne pas attendre la réalisation
Ne pas atteindre la réalisation

Vivre la réalisation

Être, c'est laisser faire
Pour être, aucun effort n'est à faire
Il n'y a rien à modifier
Il n'y a rien à ajouter pour être
Être en continu, à chaque instant
Être avec la réalité
Ne rien rejeter, c'est être
C'est comme ça
C'est comme c'est.

Quand on est présent pour voir,
Tout devient un spectacle magnifique.
Et dans la joie d'être simplement,
Même la pluie et le brouillard
Sont devenus des amis chaleureux

Dieu a pour nom conscience
Je le prie chaque jour
Je le porte en mon cœur
Lui ouvrant la porte de mon âme,
Je vivrai éternellement en Lui.

On pourrait envier ceux qui recherchent Dieu
Car il est partout, toujours présent.
Et donc très facile à trouver.

Mais il en va de même pour la conscience.
Elle n'est ni intérieure, ni extérieure
Elle est partout et toujours présente.
La voir, c'est réaliser Dieu.

Le voir, c'est réaliser la conscience.

J'en venais à demander à Dieu
De me mettre des obstacle sur la voie
Pour voir son action et me rendre conscient.

Ma respiration est son œuvre
Mon corps est son œuvre
Mes sens, la joie, les pensées sont son œuvre
Tout est son œuvre
Et donc tout est conscience

La voir, c'est réaliser Dieu
Le voir, c'est réaliser la conscience

Le chant des oiseaux, le bruit des voitures,
Tout cela me remplit de joie,
Car tout est le miroir de la conscience parfaite.
Mes maitres sont le silence assourdissant
Et le bruit incessant des voitures.

Tout ce que l'on voit, sent, pense, entend
Vous le faites sans effort.
Il y a quelque chose qui voit tout cela.
C'est là qu'il faut regarder sans effort.
Il faut reconnaitre cela.
Conscience du son
Conscience de tout
Sans ajouter, ni enlever.
Il faut tout voir
Du plus subtil ou moins subtil.
De l'extérieur à l'intérieur
De l'intérieur à l'extérieur
Tout sera vu.

Les obstacles n'en sont plus
Quand ils deviennent un moyen d'éveil
Un miroir à votre présence.
Quels qu'ils soient, ils disparaissent d'eux-
mêmes.
Il n'y a pas d'effort à faire pour les surmonter
Il n'y a pas d'effort à faire pour les transformer
Grâce à cette connaissance, ils sont tous
surpassés
Et par cette simple lecture, ils sont tous
dépassés.

D'abord, s'asseoir en méditation est l'effort pour connaitre la paix et la joie

Ensuite, s'asseoir en méditation est l'effort pour rester dans la paix et la joie.

Finalement, c'est la paix et la joie.

Non-effort c'est la même chose qu'avoir
conscience de.

Quelqu'un vous dit « ton t-shirt est à l'envers »

Avant vous ne le saviez pas
Après vous en avez eu conscience

Le savoir n'a pas été un effort
En avoir conscience n'a pas été un effort

Ayez donc conscience de tout !

Rien de plus, rien de moins.

Que ce qui est.

Uniquement ce qui est.

Tout est de nature parfaite.

Que pourrait-on ajouter à la perfection ?

La perfection ne serait plus si on lui enlevait
quelque chose.

Il n'y a donc pas de lutte.

C'est de là que nait la présence parfaite.

La méditation change
Les conditions changent
Les sensations changent
Les états de l'être changent
Mais la nature de l'esprit reste la même

Ne rien ajouter, ne rien enlever
Comme un arbre sous la neige
Comme une fleur au printemps

Imaginez que votre mental est un arbre
On a placé au-dessus, un plafond.
L'arbre a poussé comme il a pu.
La méditation, c'est enlever ce plafond
Ensuite on laisse l'arbre pousser naturellement.
Il en va de même avec le mental.
Il trouvera naturellement sa place
C'est ce que l'on appelle l'éveil.
Il n'a jamais eu besoin que quelqu'un lui dise ce
qu'il doit faire !

Esprit neuf
Esprit qui ne réside nulle part
Tout est l'éveil
Esprit de la vie quotidienne
Esprit naturel
S'asseoir et ne rien faire
Un arbre ne réfléchit pas
Il pousse
Il se laisse façonner
Être heureux sans raison
c'est l'éveil
Tout autour de nous
Est non-pensée
Ça, c'est l'éveil
Ça, c'est l'éveil
Ça, c'est l'éveil

Vœux de la nouvelle année

Dans le présent
Les potentiels sont infinis
Vous êtes infini
Vos vœux sont donc réalisés et réalisables

Mon vœu est que vous voyiez ceci avec votre
cœur.

Le meilleur cadeau que vous puissiez vous faire
est de vous asseoir et de vivre dans cette infinité.

Bonne année 2021

31/12/2020

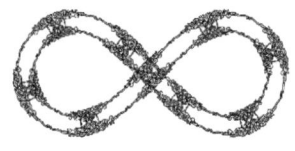

On part du point A vers le point B
Le point B est clair, on le regarde en avançant
B est notre objectif du présent, on en est
conscient.
On pense donc être présent.
Mais qui fait chaque pas vers B ?

Le silence, en des milliers de bénédictions,
Nous ouvre les portes du royaume de Dieu.

C'est magnifique.
Le silence est la voix de Dieu

Si l'on choisit de l'écouter,

Le silence est la voie vers Dieu

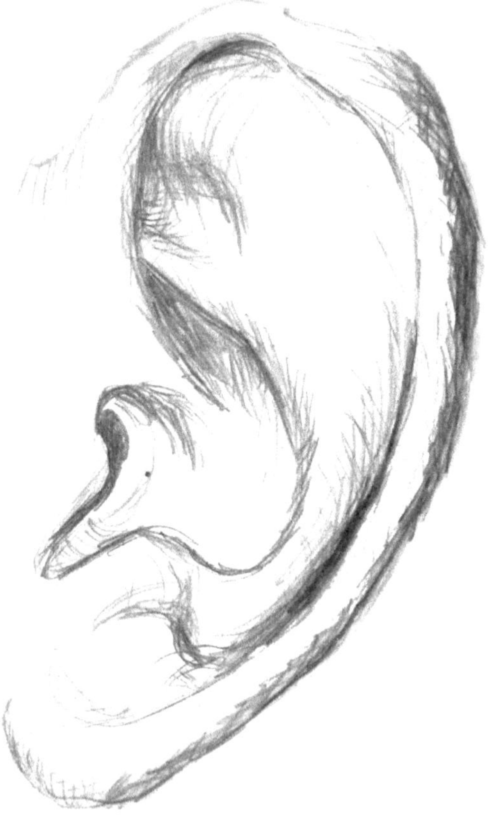

147

La présence, c'est savoir
Que l'on a des sensations dans le corps
Que l'on entend
Que l'on voit
Que l'on marche, etc.
A-t-on besoin de la pensée pour le savoir ?

S'immerger dans la conscience qui n'est pas le corps,
Les pensées indiquent d'où elles viennent.

Les mots peuvent être très beaux pour exprimer
Dieu,
Il en existe des milliers pour exprimer sa
splendeur,
Mais on ne peut l'exprimer dans toute sa
grandeur que par le silence.

Le corps est un temple.

Il suffit d'être à cet endroit

Pour méditer

152

Tout est parfait !

154

Méditation

La voie que j'ai choisie ne demande pas de partir dans un monastère s'isoler du monde pour se couper de toutes tentations ou distractions.

Au contraire, c'est une voie ou les moyens intelligents d'illumination sont toujours présents. C'est une méditation de tous les instants, utilisant ce que l'on a senti/appris pendant nos séances assis.

Les choses qui vous arrivent, qui se passent autour de vous sont autant d'enseignements, d'obstacles et de renvoi à vous-même, à votre recherche.

Est-ce que je bois la tasse de thé ou est-ce que je pense au bus que je dois prendre dans 20 minutes ? Qui boit réellement cette tasse de thé ? Qui suis-je ? Qui est assis en ce moment et qui lit ce texte ? Voilà les questions fondamentales que pose chaque moment de l'existence. Elles nous renvoient vers l'intérieur.

Le mental s'habitue et se lasse de vos activités quotidiennes (car elles ne changent pas beaucoup ? Un thé reste un thé). Voilà pourquoi il part ailleurs quand on est en action. Pourtant quand on arrive à être présent, les moments prennent beaucoup plus d'intérêt et l'on finit par ne plus jamais s'ennuyer.

Grâce à la présence ainsi éveillée, vous pourrez petit à petit illuminer vos vies ainsi que celle des autres.

Les tensions disparaissent, l'énergie apparaît, le calme, la sérénité et la joie de vivre vont vous envahir.

Pour celui qui regarde attentivement, chaque instant nous fait plonger toujours plus profondément dans la vie.

La vie est conscience.

L'univers est conscience

Tout est conscience

Tout est

Tout

Conscience

Biographie de l'auteur

Tombé par hasard sur un livre de yoga à 12 ans et fasciné par celui-ci, Hervé se met directement à appliquer certains principes du yoga et à pratiquer des techniques de respiration, de mouvements et de concentration.

A l'âge de 15 ans, il débute réellement la pratique de la méditation en expérimentant différentes techniques. Vers cet âge-là il commence aussi à pratiquer les arts martiaux puis plusieurs années après, à les enseigner.

Vers l'âge de 22 ans, il vit une transformation intérieure qui l'a marqué à jamais. Il a alors commencé sa vie d'être humain, comme il dit. Il n'avait alors pas compris tous les changements qui avait été opérés en lui. Il ne l'a réalisé que plusieurs années après.

Comprenant qu'il n'arrivait pas à transmettre ce qu'il voulait par la voie des arts martiaux, il a finalement ouvert des séances de méditation qu'il s'est mis à animer à Arlon en Belgique.

Depuis ses 12 ans et jusqu'à aujourd'hui il n'a pas cessé de pratiquer la méditation.

Du même auteur

Ishwara Gita, le chant du Seigneur Shiva
(09/2022, Books on Demand)

Droit au cœur (courant 2023)

Pour en savoir plus

www.meditationarlon.be